Fußspuren des GLAUBENS

von Bayless Conley

W0342183

answers with BAYLESS CONLEY

Antworten mit Bayless Conley e.V.
Postfach 890551 / D-13021 Berlin
Tel: 030-96200470
Tel: 0800-4604000
Fax: 030-92371725
info@antwortenbc.de
www.AntwortenBC.de

Antworten mit Bayless Conley
Seestrasse 34
CH-3700 Spiez
Tel: +41 (0)33-655 06 35
Fax: +41 (0)33-655 06 37
info@answersbc.ch
www.AnswersBC.ch

AnswersBC.org

1. Auflage 2007
2. Auflage 2009

ISBN: 978-1-934590-15-7

Wenn nicht anders vermerkt, wurden die Bibelstellen aus der *Elberfelder Bibel, revidierte Fassung* entnommen.

Gedruckt in Deutschland: GGP Media GmbH

Weitere Informationen erhalten Sie hier:
Antworten mit Bayless Conley

Antworten mit Bayless Conley e.V.
Postfach 890551 / D-13021 Berlin
Tel:030-96200470
Tel: 0800-4604000
Fax: 030-92371725
info@antwortenbc.de
www.AntwortenBC.de

Antworten mit Bayless Conley
Seestrasse 34
CH-3700 Spiez
Tel: +41 (0)33-655 06 35
Fax: +41 (0)33-655 06 37
info@answersbc.ch
www.AnswersBC.ch

AnswersBC.org

Fußspuren des GLAUBENS

von Bayless Conley

Inhalt

Einleitung .... Seite 1

Die Fußspur gehorsamen Glaubens ...... Seite 5

Die Fußspur selbstlosen Glaubens .... Seite 23

Die Fußspur eines Wunder wirkenden Glaubens .... Seite 33

Die Fußspur opferbereiten Glaubens .... Seite 51

Schlussgedanke .... Seite 58

Fußspuren des Glaubens

Einleitung

Die Fische bissen an und wurden haufenweise ins Boot gezogen - von allen, außer mir. Alles was ich hatte, waren verwobene Schnüre. Jedes Mal, wenn ich meine Angel auswarf, verfing sich die Schnur so, dass es am Ende wie ein Vogelnest aussah. An dem Tag produzierte ich ein Vogelnest nach dem anderen.

Ich hatte mein Leben lang Fliegenfischen gemacht, aber diese Tiefsee Angeln waren völlig neu für mich. Ich konnte scheinbar nicht die Kunst des Überkopfwerfens mit diesen Angeln ausüben, was mit jedem Fisch frustrierender wurde, den meine Freunde ins Boot warfen. Ich wollte auch Anteil an der Aktion haben!

Haben Sie sich je so wegen Ihrem Glauben oder den Dingen Gottes gefühlt? Ist es Ihnen schon so vorgekommen, als würden alle anderen die Segnungen nur so anziehen, während Sie damit beschäftigt sind, die Geheimnisse dieser Sache namens Glauben zu entwirren?

Was Sie und ich brauchen ist ein Mentor oder Förderer. Wir brauchen jemand, der sich auf dem Gebiet auskennt – eine Person, die die Verheißungen getestet und die Segnungen geschmeckt hat – damit sie uns die Fußspuren des Glaubens zeigt.

Sie und ich brauchen einen Mentor!

Das erlebte ich an dem Abend in dem Boot. Ein Freund namens Keith, ein erfahrener Salzwasser-Angler, lehrte mich einige Lektionen, wie ich meine Schnur richtig auswerfe. Und es dauerte nicht lange, bis ich - wie alle anderen auch - Fische hereinzog.

Was den Glauben anbetrifft, hat Gott uns einen Mentor gegeben. Jemand, der uns zeigen kann, wie er funktioniert. Sein Name ist Abraham.

In der ganzen Bibel weist Gott auf Abraham als ein Vorbild hin, dem wir folgen können, was Glauben betrifft. In Römer 4, 3 und 4, 11 - 12 lesen wir:

> *„Denn was sagt die Schrift? „Abraham aber glaubte Gott und es wurde ihm zur Gerechtigkeit gerechnet."... Und er empfing das Zeichen der Beschneidung als Siegel der Gerechtigkeit des Glaubens, den er hatte, als er unbeschnitten war, damit er Vater aller sei, die im Unbeschnittensein glauben, damit ihnen die Gerechtigkeit zugerechnet werde; und Vater der Bescheidung, nicht allein derer, die aus der Beschneidung sind,* ***sondern auch derer, die in den Fußspuren des Glaubens wandeln, den unser Vater Abraham hatte****, als er unbeschnitten war."*

Eine moderne englische Bibel übersetzt diese Stelle, dass wir „**in den Fußspuren seines Glaubens folgen sollten**". Im elften Kapitel des Hebräerbriefes finden wir vier sehr gut erhaltene und klar von einander unterscheidbare Fußspuren, die Abrahams Glaube im Sand der Zeit hinterlassen hat.

Wenn wir diese vier Fußspuren studieren, werden wir eine Entwicklung seines Glaubens in vier Schritten erkennen. Und während wir jede Fußspur untersuchen, werden wir einige wertvolle Wahrheiten lernen, die uns helfen, ein Leben im Glauben zu führen, ohne das es uns unmöglich sein wird, dem Herrn zu gefallen.

Auf den nächsten Seiten will ich Ihnen daher die Lektionen zeigen, die wir von Abraham und seinem Glaubensleben lernen können. Es sind kraftvolle Wahrheiten und ich bete, dass sie ein Teil von Ihnen werden. Wenn das geschieht, wird es nicht lange dauern, bis Sie Ihre Glaubensschnur entwirrt haben und einige wundervolle Segnungen in Ihr Lebensboot ziehen.

Die Fußspur gehorsamen Glaubens

„Durch Glauben war Abraham, als er gerufen wurde, gehorsam, auszuziehen an den Ort, den er zum Erbteil empfangen sollte; und er zog aus, ohne zu wissen, wohin er komme.“ (Hebräer 11, 8)

Am Anfang unserer Reise, den Fußspuren von Abrahams Glauben zu folgen, entdecken wir, dass der erste Schritt der Schritt des Gehorsams ist. Wie Hebräer 11, 8 uns mitteilt, gehorchte Abraham Gott, obwohl er nicht die geringste Ahnung hatte, wohin Gott ihn führte.

Um Ihnen diese unglaubliche Geschichte des Glaubens verständlich zu machen, müssen wir uns 1. Mose 12 anschauen, wo uns ein genauer Bericht seiner Begegnung mit Gott mitgeteilt wird, der wichtige Fakten der Geschichte ergänzt.

In 1. Mose 12, 1 - 4 heißt es:

„Und der Herr sprach zu Abram: Geh aus deinem Land und aus deiner Verwandtschaft und aus dem Haus deines Vaters in das Land, das ich dir zeigen werde! Und ich will dich zu einer großen Nation machen und ich will dich segnen und ich will deinen Namen groß machen und du sollst ein Segen sein! Und ich will segnen, die dich segnen, und wer dir flucht, den werde ich verfluchen; und in dir sollen gesegnet werden alle Geschlechter der Erde!

Und Abram ging hin, wie der Herr zu ihm geredet hatte und Lot ging mit ihm. Abram aber war 75 Jahre alt, als er aus Haran zog.“

Abraham war kein junger Mann als Gott ihm sagte, er solle wegziehen. Er war 75 Jahre alt! In dem Alter denken viele Leute, dass ihr Lauf so ziemlich vollendet ist. Aber Abraham begann erst sein großes Abenteuer mit Gott. Gott ist viel mehr an dem Zustand Ihres Herzens interessiert, als am Alter Ihres Körpers!

Gott ist mehr am Zustand Ihres Herzens interessiert, als am Alter Ihres Körper!

Keine Karten

Beachten Sie, dass Gott Abraham nicht einmal einen Bestimmungsort nannte, sondern nur eine Richtung. Abraham zog los, ohne zu wissen, wo er hin soll. Er wusste nur, dass er gehorchte. Die Bibel nennt das Glauben. Und es braucht Glauben, um Gott zu gehorchen, besonders, wenn Er Ihnen nicht gleich alles am Anfang sagt.

Als Abraham alles ihm Vertraute verließ – es wagte, im Gehorsam auf Gottes Stimme zu gehen – da hinterließ er uns eine Fußspur, der wir folgen können. Gott gab Abraham keine

Karte mit einer genau geplanten Reiseroute. Gott sagte im Grunde: „Gehe einfach los und ich werde dich führen." Dies machte Abraham verwundbar und überließ Gott die Kontrolle, was ein Gefühl ist, das die meisten von uns nicht mögen.

Ich habe entdeckt, dass mache Leute erst alles verstehen wollen, bevor sie irgend etwas unternehmen. Sie bestehen darauf, eine Karte in der Hand zu haben. Wenn das Ihre Haltung ist, dann wird Gott Sie sicher noch gebrauchen können, aber nur auf sehr begrenzte Weise.

Um wirklich von Gott gebraucht zu werden, müssen Sie lernen, Seiner Führung zu vertrauen, selbst wenn Sie es nicht verstehen und das Endergebnis nicht sehen können.

Um wirklich von Gott gebraucht zu werden, müssen Sie lernen, Seiner Führung zu vertrauen, selbst wenn Sie es nicht verstehen.

Als Abraham berufen wurde

Das Zweite, das wir hier sehen, ist, dass Abraham gehorchte, als er berufen wurde. Er entschied nicht, dass er eines Tages etwas für Gott tun würde und brach dann irgendwann auf. Gott setzte die Dinge in Gang. Es ist wahr, dass der Herr Abraham nicht viele Details gab (wie zum Beispiel, wo es hingeht), aber Er gab ihm einen klaren Startbefehl und Abraham gehorchte diesem klaren Ruf.

Wenn Sie wissen, dass Gott Sie beruft, etwas zu tun, dann müssen Sie sich in Bewegung setzen.

Wenn Sie wissen, dass Gott Sie beruft etwas zu tun, dann müssen Sie sich in Bewegung setzen. Auf weitere Wegweisung oder Details zu warten, kann eine nutzlose Übung sein und zeigt eher Mangel an Glauben. Es ist unmöglich, ein geparktes Auto zu lenken, aber dennoch bestehen viele von Gottes Kindern darauf, in Parkposition zu bleiben, bis sie genau wissen, wo sie hin sollen und wie lange sie brauchen, um dorthin zu gelangen.

Denken Sie mal, wie töricht es wäre, wenn ein Mann sich weigern würde, mit seinem Auto erst loszufahren, wenn seine Scheinwerfer den ganzen Weg bis zu seinem Bestimmungsort ausleuchten. Die Scheinwerfer Ihres Autos beleuchten nur 20 Meter vor Ihnen und wenn Sie die fahren, werden Ihre Scheinwerfer nur die nächsten 20 Meter beleuchten, bis Sie am Ende Ihren Bestimmungsort erreichen.

Glaube bedeutet, in dem Licht zu gehen, das Gott Ihnen gibt, und wenn Sie das tun, wird Er Ihnen mehr Licht geben.

Es ist dasselbe mit Gott. Wie bei Abraham, bedeutet Glaube, in dem Licht zu gehen, das Gott Ihnen gibt, und wenn Sie das tun, wird Er Ihnen mehr Licht geben. Wenn Leute sich im *Natürlichen* so verhalten würden, wie sie es Gott gegenüber im Geistlichen tun – sich weigern, sich vorwärts zu bewegen, wenn Gott ihnen nicht den Bestimmungsort offenbart – dann hätten wir eine Menge Autos mit Skeletten darin!

Mexiko, Manila und Maneadero

Im Jahr 1947 zog ein lieber Freund von mir, Wayne Meyers, nach Mexiko. Er sprach kein Spanisch und kannte niemanden dort. Er spürte, dass Gott ihn berief dorthin zu gehen und das Evangelium den kostbaren mexikanischen Menschen zu bringen. Er hatte keine Organisation oder Gemeinde hinter sich, die ihn sandte, sondern nur den starken Eindruck, dass er berufen ist und dass er unverzüglich handeln muss.

Und so, mit sehr wenig finanziellen Mitteln und einem Herzen voller Hoffnung, wie damals Abraham, machte er sich auf.

Wayne wäre der Erste, der bezeugt, dass er in den letzten Jahren viele Stürme überstanden hat, aber er kann auch berichten, dass Gott sich immer und immer wieder als treu erwiesen hat. Heute gibt es Gemeinden in ganz Mexiko und Tausende von Gläubigen, die ihr geistliches Erbe auf Wayne und seine Frau Martha zurückführen können. Weil ein Mann willig war im Glauben zu gehorchen, wurde eine Nation verändert.

Ein anderer Freund mit einer ähnlichen Geschichte wie der von Wayne ist Mike Keyes. Vor circa 25 Jahren zog Mike auf die Philippinen. Wie Wayne kannte er niemand in diesem Land, aber er empfing einen klaren Ruf zu gehen.

Mike hatte nur zwei Jahre Bibelschule abgeschlossen und Gott hatte zu ihm darüber gesprochen, die Menschen auf den Philippinen mit der Botschaft Christi zu erreichen. Er schrieb einem Mann, dessen Arbeit auf den Philippinen er kannte, aber er erhielt nie eine Antwort. Also stand er vor der Wahl: Im Glauben gehen und Gott für mehr Licht vertrauen oder im Auto sitzen und ein geistliches Skelett werden.

Mike zog los. Als er im Flughafen von Manila ankam, war niemand dort, um ihn zu begrüßen. Er war allein. Aber er war nicht allein, denn derjenige der ihn sandte, sagte: *„Ich werde dich nie verlassen noch versäumen!“*

Aber er war nicht allein, denn der ihn sandte, sagte: „Ich werde dich nie verlassen noch versäumen!“

Heute ist Mike für mehrere hundert Gemeinden verantwortlich. Er trainiert Leiter auf den ganzen Philippinen und führt jedes Jahr viele Heilungs-Evangelisationen durch. Er ist auch aktiv im christlichen Fernsehen und Radiodienst.

Obwohl sein Dienst sehr in Größe und Wirkung gewachsen ist, erzählt Mike immer noch häufig von seinen ersten Jahren, als er monatelang durch die Urwälder zu entlegenen

Dörfern zog, um ihnen die Gute Botschaft zu bringen. Zeitweise war es sehr schwierig, aber derjenige, der ihn berufen hat, war treu ihn zu bewahren und ihm immer wieder Licht für die nächsten 30 Meter zu geben.

Vor mehr als 25 Jahren war ich in Mexiko und unterstützte eine Evangelisation, die von einem Pastor durchgeführt wurde, den ich in den USA getroffen hatte. Tausende kamen jeden Abend nach vorne, um Gebet zu erhalten und Christus anzunehmen.

Am frühen Nachmittag, als ich mit einigen Freunden am Strand betete, sprach der Herr zu meinem Herzen. Ich hörte ihn ganz klar sagen: „Fahre gen Süden." Das war alles. Keinen Bestimmungsort, einfach nur „fahre Richtung Süden." Ich sagte meinen Freunden, sie sollen in den Wagen steigen. Sie fragen: „Wo fahren wir hin?" Ich sagte nur: „Nach Süden." Sie schauten mich verdutzt an, waren aber zufrieden damit, nur eine Richtung ohne ein

„Fahre gen Süden!"

klares Ziel zu haben.

Als ich die Autobahn herunter fuhr und mich fragte, was als Nächstes kommen würde, überholte mich plötzlich so ein Verrückter und fuhr an meiner Seite. Er winkte mit seinen Armen aus dem Fenster und schrie dabei. Er drängte uns fast von der Straße.

Sie schauten mich verdutzt an, waren aber zufrieden, nur eine Richtung ohne ein klares Ziel zu haben.

Schließlich fuhr ich an die Seite und hielt an, um zu erfahren, was dieser verrückte Autofahrer wollte. Er hielt hinter uns an, stieg aus seinem Wagen und hatte ein breites Lächeln auf dem Gesicht. „Ich sah Ihren Aufkleber und hatte den Eindruck, ich muss Sie treffen", erklärte er überzeugend, als würde dies alles erklären. Ich hatte einen Aufkleber auf meinem Wagen, auf dem stand: „Ich bin lieber mit Jesus".

„Ich bin ein Pastor aus Maneadero, einer Stadt an dieser Straße“, erklärte er weiter. Er lud uns in sein Haus ein und so gingen wir mit, tranken Kaffee mit ihm und hatten eine wundervolle Zeit zusammen. Während wir dort waren, zeigte er uns seine Gemeinde und gab uns eine Tour durch sein recht großes Kirchengebäude. In dem Moment war es uns nicht bewusst, aber später erkannten wir, dass Gott, der alle Dinge nach dem Ratschlag seines Willens wirkt, uns hierher geschickt hatte.

Später erkannten wir, dass Gott, der alle Dinge gemäß Seinem Willen wirkt, uns hierher geschickt hatte.

Die Evangelisation in Baja sollte eigentlich noch mehrere Abende dauern, aber an dem Abend verboten die lokalen Behörden unsere Versammlung. Als Begründung nannten sie, dass die Mitarbeiter der Evangelisation Medizin ohne Lizenz praktizierten. Wir beteten für die Kranken und sie bezeichneten es als Ausüben von medizinischen Diensten. Und da wir keine Ärzte waren, schlossen sie unsere Versammlung.

Natürlich waren da die Mächte der Finsternis am Werk. Der Teufel versuchte, die Menschen der Region daran zu hindern, das Evangelium zu hören. Dasselbe beschrieb der Apostel Paulus den Thessalonichern: „*Wir wollten zu euch kommen – ich, Paulus, nicht nur einmal, sondern zweimal und der Satan hat uns gehindert.*“ (1. Thessalonicher 2, 18)

Aber Gott ist dem Teufel immer einen Schritt voraus. Am nächsten Tag kam der Evangelist, um mit uns zu sprechen. Er sagte, dass Gott ihm im Gebet gezeigt hätte, dass wir die Lösung für das Problem haben, obgleich er nicht wüsste, was das sein könnte. Die Lösung stellte sich als Maneadero heraus.

Am nächsten Abend verlegten wir die Evangelisation in die Gemeinde des wilden Pastors. An den nächsten Abenden kamen Hunderte zum Glauben an Christus und es geschahen viele Heilungswunder.

Sie wissen nie, was passieren wird, wenn sie losziehen, ohne zu wissen wohin.

Sie wissen nie, was passieren wird, wenn sie losziehen, „ohne zu wissen, wo Sie hingehen", selbst wenn die Anweisung nur aus „fahre nach Süden" besteht.

Einkaufszentren und Versammlungsräume

Vor einigen Jahren ging ich mit meinen Kindern durch ein Einkaufszentrum und hatte plötzlich den Eindruck, ich solle umdrehen und in die andere Richtung gehen. Mir kam der Gedanke, dass Gott mir dies vielleicht eingibt, war mir aber nicht sicher.

Ich überredete meine Kinder umzudrehen, was nicht leicht war, ohne ihnen einen Grund zu nennen. Ich wollte ihnen nicht sagen, dass Gott mir vielleicht den Eindruck gibt, in die andere Richtung zu gehen. Wir waren kaum fünfzig Schritte gegangen, als jemand rief „Bayless Conley". Es war ein befreundeter Pastor, der in einem kleinen Cafe zu Mittag aß.

Als wir an seinen Tisch kamen, war das Erste, was er sagte: „Die Leiter unserer Gemeinde haben den Eindruck, wir sollen einen Dienst für Afrika beginnen, aber wir haben dort keine Kontakte. Kennst du zufällig jemanden, der uns dabei helfen kann?"

Zu dem Zeitpunkt hatte ich gerade einen Bruder aus Nigeria bei uns zu Besuch, der einen großen Dienst in Afrika hat. Ich organisierte ein Treffen der beiden und meine Kinder und ich setzten unseren Spaziergang durch das Einkaufszentrum fort.

Ich teile diese Geschichte mit, weil Gottes Führung nicht immer kraftvoll, eindeutig und dramatisch sein muss. Wenn wir es aber wagen, Schritte zu unternehmen, wenn wir einen Impuls verspüren, dann kann es ein, dass wir recht bedeutsame Ergebnisse erzielen –

Dinge, die wir verpassen würden, wenn wir nie ein Wagnis eingehen.

Ein gutes Beispiel ist eine Geschichte, die mir ein alter englischer Prediger namens George Storemont mitteilte.

Er erzählte mir, dass aufgrund mehrerer Umstände, seine Gemeinde keinen eigenen Versammlungsraum mehr hatte. Eines Tages hatte er den Eindruck, ein Mitglied seiner Gemeinde für eine Tasse Tee aufzusuchen. Bevor er die erste Tasse getrunken hatte, sagte sein Mitglied ihm: „Hast du gehört, dass ein interessantes Gebäude zum Verkauf angeboten wird?“ George spürte den Impuls in seinem Herzen hinzugehen und es anzusehen.

George spürte den Impuls in seinem Herzen hinzugehen.

Er ging sofort zu dem zuständigen Immobilienbüro, aber es hatte geschlossen. Er klopfte an das Fenster in der Hoffnung, dass noch jemand da wäre. Der Lärm, den er machte, fiel einem Polizisten auf, der herüberkam und ihn fragte, was er wünschte. George erklärte ihm, dass er wegen einem Gebäude nachfragen wollte, dass zum Verkauf anstünde.

Der Polizist sagte: „Nun, das Büro ist bereits geschlossen, aber ich kenne den Besitzer des Gebäudes und er hat sicher nichts dagegen, wenn Sie ihn persönlich kontaktieren.“ Der Polizist führte ihn darauf zu dem Haus des Mannes.

Um eine lange Geschichte kurz zu machen: vor Sonnenuntergang hatte Pastor Storemont einen neuen Versammlungsort für seine Gemeinde, obwohl der Besitzer kurz davor stand, den Kaufvertrag mit jemand anders abzuschließen. Als George seine Not mitteilte, gefiel dem Besitzer der Gedanke an eine neue Gemeinde besser!

Abraham hat uns die Fußspur eines gehorsamen Glaubens hinterlassen. Sie ist da, damit wir darin folgen. Und wenn wir das tun, stellen wir fest, dass es sehr schnell zu einer weiteren Fußspur führt – einer, die die Gemeinde dringend näher untersuchen muss.

Die Fußspur selbstlosen Glaubens

„Durch Glauben siedelte er sich im Land der Verheißung an wie in einem fremden und wohnte in Zelten mit Isaak und Jakob, den Miterben derselben Verheißung; denn er erwartete die Stadt, die Grundlagen hat, deren Baumeister und Schöpfer Gott ist." (Hebräer 11, 9 - 10)

Die nächste Fußspur, die Abraham für uns hinterlässt, ist die Fußspur selbstlosen Glaubens. Die Bibel sagt uns, dass er durch Glauben im verheißenen Land wohnte – in Zelten! Er ließ sich nie dauerhaft nieder, er baute nie eine Stadt und siedelte sich nie in einer Stadt an, da er wusste, dass seine Nachkommen das Land besitzen würden und dort dauerhafte Bewohner werden würden.

Abraham tat das, was er tat, für kommende Generationen, nicht nur für sich selbst. Sein Glaube war selbstloser Natur.

Abraham lebte davor in der Stadt Ur in Chaldäa. Archäologen sagen uns, dass es eine der reichsten und am höchsten entwickelten Städte der antiken Welt war. Sie hatten zweistöckige Steinhäuser mit Innenhöfen, die an bepflasterten Straßen lagen. Es gab gewaltige Tempel und Gebäude in der Stadt. Es war ein Zentrum der Wirtschaft und des Handels. Sie hatten ein unterirdisches Abwassersystem.

Aber Abraham hörte den Ruf Gottes, verließ dies alles und lebte als ein Nomade in staubigen Zelten, in einem Land, das ihm völlig fremd war. Es war in nichts dem Ort zu vergleichen, wo er aufgewachsen war. Aber er wusste, dass Gott verheißen hatte, wenn er das tun würde, dann würden nicht nur seine Nachkommen gesegnet sein, sondern alle Familien der Erde würden gesegnet werden. Also harrte er im Glauben aus und lebte in einem Zelt.

Es besteht kein Zweifel, dass Gott auch Abraham segnete. Die Bibel sagt uns, dass er sehr wohlhabend und einflussreich wurde. Aber das war nicht Abrahams Motivation. Sein Auge war nicht auf kurzfristige, irdische Segnungen gerichtet. Hebräer 11, 10 sagt uns: *„Denn er erwartete die Stadt, die Grundlagen hat, deren Baumeister und Schöpfer Gott ist.“* Sein Auge war auf eine himmlische, ewige Belohnung gerichtet.

Sein Auge war auf eine himmlische, ewige Belohnung gerichtet.

Eine andere Haltung

Es gibt eine interessante Geschichte, die an mehreren Stellen des Alten Testaments berichtet wird. Sie handelt von Hiskia, dem König von Juda, und wie er durch ein Wunder von Gott geheilt wird.

Als Bestätigung für seine Heilung ließ Gott das Universum rückwärts laufen und den Schatten an der Sonnenuhr zurückgehen. Anscheinend war das Wunder nicht auf einen Ort begrenzt, sondern der König von Babel sandte seine Botschafter, um sich wegen diesem unglaublichen Wunder zu erkundigen.

Es gibt keinen Bericht darüber, dass Hiskia das barmherzige Eingreifen des Herrn erwähnte.

Als die ausländischen Botschafter ankamen, gibt es keinen Bericht darüber, dass Hiskia Gott die Ehre gab oder das barmherzige Eingreifen des Herrn in seinem Leben erwähnte. Alles, was er tat, war, seinen Reichtum zu zeigen und seinen Besitz vorzuführen.

Im Zusammenhang mit diesem traurigen Verlauf überliefert uns die Bibel Jesajas Tadel von Hiskia in Jesaja 39, 5 - 8.

„Da sprach Jesaja zu Hiskia: Höre das Wort des Herrn der Heerscharen! Siehe, Tage kommen, da wird alles,

was in deinem Haus ist und was deine Väter bis zum heutigen Tag angehäuft haben, nach Babel weggebracht werden. Nichts wird übrigbleiben, spricht der Herr." Und von deinen Söhnen, die von dir abstammen, die du zeugen wirst, wird man einige nehmen und sie werden im Palast des Königs von Babel Hofbeamte sein.

Hiskia sagte sich: Zumindest in meinen Tagen wird ja Friede und Sicherheit sein.

Da sagte Hiskia zu Jesaja: Das Wort des Herrn ist gut, das du geredet hast. Denn er sagte sich: ***Zumindest in meinen Tagen wird ja Friede und Sicherheit sein.****"*

Obwohl uns die Bibel von vielem berichtet, was Hiskia richtig machte, versagte er doch in diesem Test. Was für ein Kontrast zu Abraham, der lebte, damit seine

Nachkommen gesegnet sein würden!

Wir sollen in den Fußspuren des Glaubens wandeln, den unser Vater Abraham hatte, ein Vorbild für selbstlosen Glauben!

Der Glaube von Hiskia war sicher kein selbstloser Glaube! Darum wird uns nicht gesagt, dass wir den Fußspuren des Glaubens von Hiskia folgen sollen, sondern wir sollen *in den Fußspuren des Glaubens wandeln, den unser Vater Abraham hatte*, was ein Vorbild für selbstlosen Glauben ist!

Einige moderne Helden mit selbstlosem Glauben

Wenn ich an selbstlosen Glauben denke, dann fallen mir sofort Männer wie David Livingstone ein. Ich las einmal einen Auszug aus seinem Tagebuch, wo er in einem Gebiet von Afrika viel gebetet und gepredigt hatte, um dann nur eine handvoll Menschen zu sehen, die für den Herrn gewonnen werden konnten. Er sagte, obwohl sie in der Stadt nur zehn Menschen hatten zu Christus kommen sehen, würden es eines Tages Tausende von Bekehrten sein.

Erst vor einigen Jahren (fast auf den Tag genau, hundert Jahre nach dem Tagebucheintrag von Livingstone) wurde eine Evangelisation in derselben Stadt abgehalten und dreihunderttausend Menschen gaben ihre Herzen Christus! Der Glaube von Livingstone ebnete den Weg für andere. Er ertrug viel und gab alles, was er hatte, für Afrika, weil er sein Auge auf eine himmlische Belohnung gerichtet hatte.

Der Glaube von Livingstone ebnete den Weg für andere. Er ertrug viel und gab alles...

Vor einiger Zeit sah ich mir ein Video an, dass die Rückkehr eines alten Mannes in ein entlegenes Bergdorf auf den Philippinen dokumentierte. Er verbrachte mehrere Jahre seines Lebens unter der einheimischen

Bevölkerung und lernte ihre Sprache. Schließlich war er in der Lage, das Neue Testament in ihren Dialekt zu übersetzen. Während der Jahre seiner dortigen Arbeit, gewann er eine handvoll Bekehrte, schulte sie und gründete eine kleine Gemeinde.

Als ich das Video sah, konnte ich meine Tränen nicht zurückhalten. Er kehrte zwanzig Jahre später zurück, um die Frucht seiner Arbeit anzusehen. Als der Hubschrauber landete waren die Hügel buchstäblich voller Menschen – es waren viele Tausende! Er kehrte zurück und fand dort über einhundert Gemeinden und zwanzigtausend Gläubige!

Zweifelsohne fühlte er sich während der Jahre seiner Arbeit dort oftmals einsam und müde. Ich bin sicher, der Teufel flüsterte häufig in sein Ohr, dass er seine Zeit dort verschwendet. Er sah nicht viel Frucht während der Zeit, wo er dort war. Aber er harrte aus. Und aufgrund der selbstlosen Natur seines Glaubens, ebnete er den Weg für andere, von Gott gesegnet zu werden.

Großer Glaube ist selbstloser Glaube

Wissen Sie, dass die einzigen Male, wo Jesus jemandem großen Glauben bescheinigte, diese Personen ihren Glauben einsetzten, um jemand anderem zu helfen?

Denken Sie einmal an die Geschichte des römischen Hauptmanns in Matthäus, Kapitel 8. Dieser römische Hauptmann suchte Jesus wegen der Heilung seines Dieners auf, nicht für sich selbst. Jesus rief aus, dass er nirgendwo in Israel solch großen Glauben fand.

Oder wie ist es mit der Geschichte der kanaanäischen Frau in Matthäus, Kapitel 15? Jesus sagte ihr, dass sie großen Glauben hätte. Aber für wen glaubte sie? Es war für ihre Tochter, die Befreiung brauchte. Darum hatte sie Jesus aufgesucht und geglaubt.

Wenn Sie den Fußspuren Abrahams folgen wollen, dann müssen Sie selbstlos sein und zum Nutzen anderer arbeiten und beten und nicht nur an Ihrem eigenen Wohlergehen interessiert sein. Selbstloser Glaube ist darauf ausgerichtet, eine künftige Generation zu beeinflussen und ihr zu helfen, indem es ein geistliches Erbe für die Nachkommen hinterlässt.

Die Fußspur eines Wunder wirkenden Glaubens

„Durch Glauben empfing er auch mit Sara, obwohl sie unfruchtbar war, Kraft, Nachkommenschaft zu zeugen, und zwar über die geeignete Zeit des Alters hinaus, weil er den für treu erachtete, der die Verheißung gegeben hatte. Deshalb sind auch von einem, und zwar Gestorbenen, so viele geboren worden, wie die Sterne des Himmels an Menge und wie der Sand am Ufer des Meeres, der unzählbar ist.“ (Hebräer 11, 11 - 12)

In Vers 11 der obigen Passage heißt es, dass Sara ***auch*** empfing. Das bedeutet, dass Sara zusätzlich zu Abraham auch etwas empfing.

Was ist es, das sowohl Abraham als auch

Sara empfing? Sie empfingen *Kraft*.

Es ist wichtig zu verstehen, dass das Wort, das in diesem Vers mit *Kraft* übersetzt wird, dasselbe griechische Wort ist, das im ganzen Neuen Testament mit *Wunder* übersetzt wird. Abraham und Sara empfingen ein Wunder. Und die Weise, wie sie dieses Wunder empfingen, war durch Glauben.

Das Wort *Kraft* ist dasselbe griechische Wort, das im Neuen Testament mit *Wunder* übersetzt wird.

Gemäß dem biblischen Bericht war Abraham hundert und Sara 90 Jahre alt, als das Wunder geschah. Sarah empfing dieses Wunder in ihrem Leben, weil sie Gott als treu erachtete. Einfach gesagt, glaubte sie, dass Gottes Verheißung und Zusage gut ist und dass sie sich darauf verlassen kann, dass Er sie hält.

So klar diese Botschaft auch ist, meinen viele Leute, dass solch ein einfaches Vertrauen in Gott unerreichbar ist. Wenn Sie zu diesen Leuten gehören, mag Ihnen die Erkenntnis helfen, dass Abraham und Sara nicht über Nacht dahin gelangten. Es brauchte einige Jahre, bevor sie das Verheißene erlebten und in den Jahren bis dahin rangen sie mit ihrem Glauben.

Zu einem Zeitpunkt versuchten sie sogar durch eigene Anstrengung zu produzieren, was Gott ihnen durch den Geist verheißen hatte. Das Ergebnis ihrer eigenen Wege war die Geburt von Ismael, was viel Kummer, Schmerz und Spaltung in der Familie verursachte.

Schließlich kamen sie an den Punkt völligen Vertrauens.

Aber schließlich kamen Abraham und Sara an den Punkt völligen Vertrauens in Gottes Verheißung und sahen ihr Wunder geschehen.

Abrahams Geheimnis

In Römer 4, 17 - 21 berichtet der Apostel Paulus über Gottes Verheißung an Abraham, dass er einen Sohn in hohem Alter haben würde. Diese Verse nennen uns nicht nur die Details, wie Abraham seinen Glauben ausübte, sondern offenbaren auch das Geheimnis von Abrahams Glauben - ein Geheimnis, das, wenn wir es erst einmal entdeckt haben, die Weise revolutioniert, wie wir uns Gott nahen, wenn wir ein Wunder brauchen.

Römer 4, 17 - 21 sagt uns:

„*Wie geschrieben steht: Ich habe dich zum Vater vieler Nationen gesetzt – vor dem Gott, dem er glaubte, der die Toten lebendig macht und das Nichtseiende ruft, wie wenn es da wäre; der gegen Hoffnung auf Hoffnung hin geglaubt hat, damit er ein Vater vieler Nationen werde, nach dem, was gesagt ist: So soll deine Nachkommenschaft sein. Und nicht schwach im Glauben, sah er seinen eigenen, schon erstorbenen Leib an, da er fast hundert Jahre alt war und das Absterben des Mutterleibes der Sara und zweifelte nicht durch Unglauben an der Verheißung Gottes, sondern wurde gestärkt im Glauben, weil er Gott die Ehre gab. Und er war der vollen Gewissheit, dass er, was er verheißen habe, auch zu tun vermöge.*“

Er zweifelte nicht durch Unglauben an der Verheißung Gottes, sondern wurde stark im Glauben!

Einer der Hauptwege, wie Abraham seinen Glauben ausübte, finden wir in Vers 20. Es heißt dort, dass er Gott die Ehre gab. Die Living Bible formuliert es so: „… *er lobte Gott für seinen Segen, bevor es geschah.*“ Das ist bedeutsam. Glaube ohne übereinstimmende Taten ist tot. Abrahams Glaube drückte sich durch Danksagung aus – **bevor das Wunder geschah**.

Im vierten Kapitel des Briefes an die Philipper wird uns gesagt, dass wir uns um nichts sorgen, sondern für alles beten sollen.

Direkt mit unseren Bitten sollen wir Gott dafür danken! Wenn wir Gott als Teil unserer Gebete danken, dann zeigt es Gott, dass wir glauben.

Die Quelle, von der Abraham seine Stärke bezog, war die Verheißung.

Danksagung war eine Weise, wie Abraham seinen Glauben ausübte. Aber das war nicht das Geheimnis seines Glaubens. Die Quelle, von der Abraham seine Stärke bezog, lag woanders. Abrahams Geheimnis war die Verheißung.

Ohne die Verheißung gab es keinen Glauben. Es war sowohl die Quelle seines Glaubens, als auch die bewahrende Kraft seines Glaubens. Ich möchte Ihre Aufmerksamkeit nochmals auf Vers 20 richten. Eine andere Übersetzung formuliert es so: *„Indem er auf die Verheißung schaute, schwankte er nicht durch Unglauben, sondern wurde stark im Glauben.“*

Die Kraft der Verheißung

Schauen Sie einmal mit mir in Römer 4, 13 - 21. Ich nehme mir mal die Freiheit, jede Stelle zu markieren, wo Paulus auf die Verheißung hinweist. Ich möchte, dass Sie bemerken, wie oft die Verheißung in diesen Versen erwähnt wird.

> *„Denn nicht durchs Gesetz wurde Abraham oder seiner Nachkommenschaft die* ***Verheißung*** *zuteil, dass er der Welt Erbe sein sollte, sondern durch Glaubensgerechtigkeit. Wenn nämlich die vom Gesetz Erben sind, so ist der Glaube zunichte gemacht und die* ***Verheißung*** *aufgehoben. Denn das Gesetz bewirkt Zorn; aber wo kein Gesetz ist, da ist auch keine Übertretung. Darum ist es aus Glauben, damit es nach Gnade gehe, damit die* ***Verheißung*** *der ganzen*

Ohne die Verheißung kein Glaube!

Nachkommenschaft sicher sei, nicht allein der vom Gesetz, sondern auch der vom Glauben Abrahams, der unser aller Vater ist, - wie geschrieben steht: Ich habe dich zum Vater vieler Nationen gesetzt – vor dem Gott, dem er glaubte, der die Toten lebendig macht und das Nichtseiende ruft, wie wenn es da wäre; der gegen

Er glaubte Gott, der das Nichtseiende ruft.

Hoffnung auf Hoffnung hin geglaubt hat, damit er ein Vater vieler Nationen werde, ***nach dem, was gesagt ist:*** *So soll deine Nachkommenschaft sein. Und nicht schwach im Glauben, sah er seinen eigenen, schon erstorbenen Leib an, da er fast hundert Jahre alt war und das Absterben des Mutterleibes der Sara und zweifelte nicht durch Unglauben an der* ***Verheißung*** *Gottes, sondern wurde gestärkt im Glauben, weil er Gott die Ehre gab. Und er war der vollen Gewissheit, dass er,* *was er verheißen habe, auch zu tun vermöge.*"

Wenn Sie diesen Text anschauen und die vielen Stellen sehen, die sich auf die Verheißung beziehen, dann fangen Sie an zu verstehen, wie wichtig dies für Abrahams Glauben war.

Bedenken Sie das einmal! Vers 13, **die Verheißung**, Vers 14, **die Verheißung**, Vers 16, **die Verheißung**, Vers 18, **die Verheißung** (nach dem, was gesagt ist), Vers 20, **die Verheißung** und Vers 21, **die Verheißung**!

Er war der vollen Gewissheit, dass Gott, was Er verheißen hat, auch zu tun vermöge.

Wie wichtig ist es für Sie, eine Verheißung zu haben? Es ist alles. Ohne Verheißung gibt es keinen Glauben. Gottes Verheißungen schaffen und erhalten den Glauben im menschlichen Herzen.

Beachten Sie insbesondere Vers 17

und 18, wo uns gesagt wird, dass Abraham gemäß dem glaubte, *was gesagt wurde*. Er glaubte nicht gemäß den Umständen, die ihn umgaben. Er glaubte nicht gemäß dem, was er fühlte oder wie Sara aussah oder gemäß dem letzten Bericht des Arztes. Sein Glaube gründete sich nicht auf Meinungen anderer oder auf vergangenes Versagen. Sein Glaube war auf Gottes Verheißung gegründet und wurde davon genährt!

Wie wichtig ist eine Verheißung?

Was hat Gott Ihnen gesagt?

Abraham glaubte gemäß dem, was Gott ihm über seine Situation gesagt hatte. Was hat Gott zu Ihnen gesagt? Was hat Er über Ihren Körper oder Ihre Finanzen oder Ihre Familie gesagt? Gibt es Verheißungen in der Bibel, die für Ihre Situation passen? Ich versichere Ihnen, dass es sie gibt. Finden Sie sie. Schauen Sie ständig auf sie. Sie werden Ihren Glauben erzeugen und auch erhalten.

Gibt es Verheißungen in der Bibel, die auf Ihre Situation passen?

Die Verheißung war das Geheimnis hinter Abrahams Wunder wirkendem Glauben und es wird auch Ihr Geheimnis sein.

In Bunyan's allegorischem Roman „Die Pilgerreise" verlässt Christ die große Hauptstraße und kommt in das Gebiet des Riesen Verzweiflung, dem die Zweifelburg gehört. Christ wird gefangen und in ein Verließ gesteckt. Der Riese sagt ihm, dass es keinen Sinn mehr macht, seine Reise fortzusetzen.

Christ ist völlig besiegt, bis sein Gefährte Hoffnung beginnt, ihn an seine früheren Siege zu erinnern. Dies führt zu einer ernsthaften Gebetszeit, in der Christ ausruft: „Was für ein Tor bin ich doch, dass ich in einem stinkenden Verließ liege, wo ich doch in Freiheit wandeln kann! Ich habe einen Schlüssel in meiner Tasche, namens Verheißung, der ganz gewiss jedes Schloss in der Zweifelsburg zu öffnen vermag." Darauf sagte Hoffnung: „Das ist eine gute Nachricht, Bruder. Hole doch den Schlüssel raus und probiere ihn aus." Und siehe da, die Gefängnistüren öffneten sich!

Sind Sie mit einer bedrohlichen Situation konfrontiert? Kommt Ihnen die Zweifelsburg bekannt vor? Ich möchte Ihnen raten, dem Beispiel von Christ zu folgen und den Schlüssel der Verheißung aus Ihrer Tasche zu holen und ihn zu testen. Natürlich müssen Sie den Schlüssel zuerst dort hineinstecken, bevor Sie ihn hervorholen können.

Die Verheißung in Ihr Herz legen

Der erste Schritt, die Verheißungen in Ihr Herz zu legen, ist, sie zu kennen. Und der einzige Ort, wo die Verheißungen gefunden werden können, ist die Bibel.

Um einen starken, lebendigen Glauben zu haben, müssen Sie Zeit in Gottes Wort verbringen. Wenn Sie die Bibel lesen, werden Sie entdecken, dass es Verheißungen für so ziemlich jede Situation Ihres Lebens gibt.

Bibelstellen lesen wird Verheißungen in Ihren Kopf bringen, während das Nachsinnen und Meditieren darüber, sie in Ihr Herz bringt. Denken Sie darüber nach, was Gott über den glücklichen Mann in Psalm 1, 2 - 3 sagt:

> *„Glücklich... der seine Lust hat am Gesetz des Herrn und über sein Gesetz sinnt Tag und Nacht! Er ist wie ein Baum, gepflanzt an Wasserbächen, der seine Frucht bringt zu seiner Zeit und dessen Laub nicht verwelkt; alles was er tut, gelingt ihm."*

Das hebräische Wort, das in diesem Psalm mit *nachsinnen* übersetzt wird, bedeutet über etwas zu *reflektieren* und *nachzudenken* oder es *immer und immer wieder im Verstand zu bewegen*. Es beinhaltet auch, es auszusprechen oder vor sich selbst herzusagen. Mit anderen Worten wiederholen Sie die Worte oder Sätze, über die Sie nachdenken immer wieder und sprechen Sie sie aus.

Die Wahrheit ist, dass jeder weiß, wie man

nachsinnt oder meditiert. Wenn Sie wissen, wie man sich sorgt, dann wissen Sie auch, wie man meditiert. Sorgen ist einfach Meditieren über das Negative. Es ist Wiederholen des Problems statt der Verheißung.

Sorge ist nur Meditation über das Negative.

Viele Leute sind hoch entwickelt in der Kunst der Meditation. Sie praktizieren die Prinzipien jeden Tag, aber sie konzentrieren sich auf die falschen Dinge. Wenn dieselben Leute, die darum ringen zu glauben, über die Verheißungen Gottes genauso nachsinnen würden, wie über ihre Probleme, dann würden ihrem Glauben schnell Flügel wachsen.

Ich habe einen Freund, der zu einem Zeitpunkt seines Lebens ein Dieb und Heroinsüchtiger war. Er hatte sein eigenes Leben und seine Ehe fast völlig zerstört. Schließlich endete er in einem Teen Challenge Programm für Drogensüchtige, wo er sein Leben Christus gab und von seiner Drogensucht befreit wurde.

Gott hat Verheißungen für Sie in Sein Wort geschrieben!

Er hatte seine Frau lange Zeit nicht mehr gesehen, wusste aber, dass sie in Problemen mit dem Gesetz steckte. Er betete ernsthaft für ihre Errettung, während er eifrig seine Bibel las. Eines Abends stieß er auf eine Verheißung von Jesus, die ihm förmlich aus der Seite seiner Bibel entgegensprang. Gott sprach sehr deutlich zu ihm und es wurde für ihn ein ganz reales, gegenwärtig gültiges Wort. Die Verheißung ist in Markus 11, 24:

> *„Darum sage ich euch: Alles, um was ihr auch betet und bittet, glaubt, dass ihr es empfangen habt und es wird euch werden."*

Er ging sofort auf seine Knie und betete, dass seine Frau gerettet und ihre Ehe wieder geheilt wird. Als er sein Gebet beendet hatte, war es gerade Zeit, dass sich die Männer bei Teen Challenge für die Abendandacht versammelten.

Als der Leiter fragte, ob jemand ein Zeugnis habe, da hob mein Freund seine Hand und sagte: „Meine Frau ist gerettet und wir ziehen wieder zusammen!“ Alle fingen an zu klatschen. „Wann hast du diese gute Nachricht erhalten?“ fragte jemand. „Ich erhielt sie heute Abend!“ „Hat dich jemand angerufen?“ „Nein, es war kein Telefonanruf.“ „Hast du einen Brief erhalten?“ „Nein, es war kein Brief.“ „Wie hast du dann die Neuigkeit erfahren?“ fragten sie weiter. „Ich habe sie genau hier erhalten“, sagte mein Freund, während er seine Bibel öffnete und Markus 11, 24 vorlas.

Die allgemeine Begeisterung legte sich augenblicklich. Aber er bestand darauf: „Es heißt hier, was immer ich im Gebet erbitte, wenn ich glaube, dass ich es empfangen habe, dann wird es mir werden. Und genau das tat ich!“

Jeden Abend gab er bei der Andacht wieder dasselbe Zeugnis. Sie dachten alle, er sei verrückt, bis einige Wochen später der Richter seine Frau in seine Obhut freigab (was ein Wunder war, wenn man bedenkt, dass seine Frau wegen Urkundenfälschung angeklagt war und dass seine Anklageliste kilometerlang war).
Als er vor dem Richter mit seinen Tattoos und seiner umgedrehten Mütze stand, teilte er das Zeugnis seiner Errettung mit und Gott berührte das Herz des Richters. Kurze Zeit später wurde seine Frau gerettet und mittlerweile dienen sie dem Herrn seit vielen Jahren im vollzeitigen Dienst.

Alles, um was ihr betet, glaubt, dass ihr es empfangen habt, und es wird euch werden.

Gott hat Verheißungen für Sie in Sein Wort geschrieben. Finden Sie sie. Denken Sie über sie nach. Glauben Sie sie. Sie sind die Grundlage für Wunder wirkenden Glauben.

Die Fußspur opferbereiten Glaubens

„Durch Glauben hat Abraham, als er geprüft wurde, den Isaak dargebracht, und er, der die Verheißungen empfangen hatte, brachte den einzigen Sohn dar, über den gesagt worden war: „In Isaak soll deine Nachkommenschaft genannt werden", indem er damit rechnete, dass Gott auch aus den Toten erwecken könne, von woher er ihn auch im Gleichnis empfing." (Hebräer 11, 17 - 19)

Bislang haben wir gesehen, dass Abraham uns Fußspuren eines gehorsamen Glaubens, eines selbstlosen Glaubens und eines Wunder wirkenden Glaubens hinterließ. Die vierte Fußspur des Glaubens, die er für uns im Sand der Zeit hinterließ, ist die Fußspur eines opferbereiten Glaubens.

Beachten Sie im obigen Vers, dass Abraham von Gott aufgefordert wurde, seinen Sohn Isaak auf den Opferaltar zu legen, den sein Glaube hervorgebracht hatte. Sicherlich gab es andere Aspekte, aber ich glaube, dass dieser Wunderjunge höchst wahrscheinlich zum zentralen Fokus von Abrahams Leben wurde, anstatt Gott.

Die vierte Fußspur, die Abraham für uns hinterließ, ist die Fußspur opferbereiten Glaubens.

Also prüfte Gott Abraham, indem er ihn aufforderte, seinen einzigen Sohn zu opfern. Und indem er bereit war, Isaak zu opfern, bewies Abraham Gott, dass Er der Wichtigste in seinem Leben war.

Gott muss zuerst kommen

Über die Jahre sind mir immer wieder Leute begegnet, die es zuließen, dass die

Dinge, die ihr Glaube an Gott hervorbrachte, ihnen lieber und wichtiger wurden, als Gott selbst.

Ist das bei Ihnen so? Betrachten Sie Ihr Leben. Vielleicht ist Ihnen das neue Heim oder ein finanzieller oder materieller Segen mehr ans Herz gewachsen und wichtiger geworden, als Ihre Beziehung zu Gott. Oder vielleicht ist es das lang ersehnte Kind oder der Freund oder die Freundin.

Wenn Sie ein Pastor sind, ist es vielleicht Ihr Dienst oder Ihr neues Gemeindegebäude. Es kann passieren, dass Gott den Mann oder die Frau fragt, die eine große Kirche oder einen Dienst gebaut hat, ob sie bereit ist, es aufzugeben oder in andere Hände zu legen.

Gibt es Dinge, die Ihnen wichtiger sind als Gott selbst?

Selbst gute Dinge können schlecht werden, wenn sie zum hauptsächlichen Fokus unseres Lebens werden, statt Gott selbst.

Ich kenne Männer, die Gott jahrelang für die Entwicklung eines effektiven Dienstes vertrauten und die dann so vom Dienst verzehrt wurden, dass ihre persönliche Beziehung zum Herrn kalt und leblos wurde. Ihre Arbeit hat Gott völlig aus ihrem Leben verdrängt. Für sie wurde das alte Sprichwort wahr: „Sie sind so mit dem Werk des Herrn beschäftigt, dass sie keine Zeit mehr für den Herrn des Werkes haben." Leider werden in solchen Fällen dann gewöhnlich auch die Familien vernachlässigt.

Sind Sie bereit, Dinge für Gott aufzugeben?

Ich möchte, dass Sie sich einmal Folgendes vorstellen: Sie haben dem Herrn jahrelang gedient und vertraut und können sich schließlich Ihr erstes Haus leisten. Sie lieben Ihr neues Heim und sind dankbar dafür. Aber wären Sie bereit es zu verkaufen und alles Geld in das Evangelium zu investieren, wenn Gott es Ihnen sagen würde?

Antworten Sie nicht zu schnell. Bedenken

Sie es und was das für Ihre Zukunft bedeutet. Wären Sie bereit Gott zu vertrauen, dass Er alles wiederherstellt, was Sie Ihm gegeben haben?

Abraham war bereit, den Sohn zu nehmen, den sein Glauben hervorgebracht hatte, und ihn auf den Altar zu legen und ihn Gott zu geben. Er lebte uns opferbereiten Glauben vor und es ist eine der Fußspuren, denen Sie und ich bereit sein sollten zu folgen.

Nicht die Schrotflinte!

Als ich ein junger Christ war, hatte ich den Eindruck, dass Gott an meiner Willigkeit arbeitete, meinen Besitz wegzugeben. Ich besaß nicht viel, fing aber an, dass wegzugeben, was ich hatte.

Ich fing mit meinem Geld an und als das weg war, verschenkte ich meine Gitarren. Ich gab meine Angeln weg, meine Lieblingsmesser und sogar das meiste meiner Kleidung (es ist erstaunlich, wie wenig ein junger, alleinstehender Mann braucht, um zu überleben). Ich wollte sogar meinen 1963-er Volkswagen Bus einem Freund schenken. Aber er weigerte sich ihn anzunehmen, weil er wusste, dass ich zu der Zeit darin wohnte!

Ich gab alles weg, **außer** meiner Schrotflinte. Ich hatte eine 410-er Doppelschrotflinte, die mein Vater mir geschenkt hatte, als ich 12 Jahre alt war. Er schenkte sie mir in Spanien und ich hatte damit oft Hasen und Fasane gejagt.

Ich betete tagelang darüber: „Herr, nicht die Schrotflinte!" Schließlich kam ich an den Punkt, dass ich bereit war, sie wegzugeben. Also sagte ich Gott: „OK, Herr, ich bin bereit, meine Schrotflinte wegzugeben. Wem soll ich sie schenken?" Zu meinem Erstaunen schien der Herr mir sofort zu sagen: „Behalte sie. Ich wollte nur, dass du bereit dazu bist." Ich habe diese vertraute Schrotflinte noch bis zum heutigen Tag.

Abraham war bereit, seinen Sohn zu opfern. Aber als er seine völlige Hingabe an

Gottes Willen bewiesen hatte, stoppte Gott ihn und Isaak wurde verschont. Das ist die Art von opferbereitem Glauben, von dem Gott will, dass Sie und ich ihn haben.

Aber hier ist ein Wort der Warnung. Auch wenn Gott Ihnen vielleicht erlaubt, am Ende das zu behalten, was Er Sie auffordert zu opfern, müssen Sie bereit sein Ihre Hingabe langfristig zu leben, weil Er Ihnen vielleicht nicht für immer erlaubt, das zu behalten, was Er Sie einmal bat aufzugeben.

Die Entwicklung des Glaubens

In Abrahams Leben wurde Glauben auf einzigartige Weise sichtbar.

Wir haben die Fußspuren eines **gehorsamen Glaubens**, eines **selbstlosen Glaubens**, eines **Wunder wirkenden Glaubens** und eines **opferbereiten Glaubens** gesehen. Aber in diesen Ausdrucksformen seines Glaubens sehen wir eine Entwicklung.

Beispielsweise wollen viele Leute einen Wunder wirkenden Glauben haben, verstehen aber nicht, dass zuerst ein gehorsamer und selbstloser Glaube vorhanden sein muss. Andere haben vielleicht wundervolle Antworten auf Gebet erlebt, aber dennoch scheint ihr Glaube ausgetrocknet zu sein. Er produziert nichts mehr für sie.

Ihr Problem ist vielleicht, dass die Dinge,

die als Antwort auf Ihren Glauben an Gott kamen, plötzlich wichtiger geworden sind, als Gott selbst. Wenn das der Fall ist, dann wird es Zeit, dass ihr Glaube eine opferbereite Natur annimmt.

Ich weiß nicht, wo Sie in Ihrer Reise des Glaubens stehen. Aber wo immer Sie gerade stehen, welche Fußspur auch immer Sie gerade in Ihrem Wandel mit dem Herrn untersuchen sollten, Sie haben immer jemanden auf dessen Beispiel Sie schauen können und der Sie ermutigen kann, in den Fußspuren des Glaubens zu gehen.

Hebräer 12, 2 ermutigt uns dazu: *„Indem wir hinschauen auf Jesus, den Anfänger und Vollender unseres Glaubens!"*

Über den Autor

Bayless Conley wuchs in Süd-Kalifornien auf, wo er als Teenager in einen Lebensstil von Alkohol und Drogen verstrickt war. Nachdem er jahrelang nach Wahrheit gesucht hatte und mehrere Male dem Tod nahe kam, fand er Jesus als seinen Retter, als ihm ein zwölfjähriger Junge das Evangelium mitteilte.

Heute ist Bayless Conley Pastor der Gemeinde Cottonwood Church, einer blühenden Gemeinde in Orange County in Kalifornien. Seine Fernsehprogramme Antworten mit Bayless Conley werden weltweit in über 110 Nationen ausgestrahlt.

Bekannt für seine einfache, klare und praktische Verkündigung des Evangeliums, ist Bayless ein beliebter Sprecher auf Konferenzen in der ganzen Welt. Seine ständig frischen Einsichten machen seine Verkündigung von Gottes Wort praktisch anwendbar für das tägliche Leben.

Bayless und seine Frau Janet sind Eltern von drei erwachsenen Kindern. Leidenschaftlich leben sie als Familie ihren Dienst und ihre Beziehung zu Jesus Christus.